Strategie e Strumenti per il Futuro

Tutti i diritti sono riservati.
Nessuna parte di questo libro può essere riprodotta, distribuita o
trasmessa in qualsiasi forma o con qualsiasi mezzo, inclusi
fotocopie, registrazioni o altri metodi elettronici o meccanici, senza
il permesso scritto del titolare del copyright, eccetto per brevi
citazioni nei casi consentiti dalla legge.

Descrizione del libro

In un'epoca in cui l'intelligenza artificiale (IA) sta rivoluzionando ogni aspetto della società, dalle imprese alla vita quotidiana, Come Guadagnare con l'Intelligenza Artificiale offre una guida completa e accessibile per sfruttare le opportunità di guadagno che questa tecnologia innovativa può offrire. Pensato per un pubblico vasto, dai giovani imprenditori ai professionisti esperti, il libro esplora le strategie più efficaci per creare reddito utilizzando l'IA, adattandosi alle trasformazioni del mercato.

Il libro è suddiviso in capitoli chiari e approfonditi, affrontando temi fondamentali come la creazione e l'ottimizzazione di contenuti con l'IA generativa, gli investimenti in start-up tecnologiche e modelli pre-addestrati, e la costruzione di business basati sull'automazione e sull'analisi dei dati.

Non mancano le riflessioni su etica e responsabilità, per garantire un approccio sostenibile e corretto all'utilizzo dell'IA.

Attraverso esempi concreti, consigli pratici e uno sguardo al futuro, questa guida non solo insegna a guadagnare, ma prepara il lettore ad affrontare con successo un mercato sempre più dominato dall'intelligenza artificiale. Se vuoi scoprire come trasformare l'IA in una fonte di reddito stabile e responsabile, questo libro è il tuo punto di partenza.

Punti salienti:

Approfondimenti su come integrare l'IA in diversi settori professionali.

Strategie per investire in aziende e tecnologie emergenti legate all'IA.

Consigli per evitare truffe e sfruttare le opportunità in modo etico.

Una visione completa delle tendenze future e di come rimanere competitivi.

Un manuale indispensabile per chi vuole essere protagonista nel futuro tecnologico.

Introduzione

Perché l'Intelligenza Artificiale è la chiave del futuro economico?

Nel XXI secolo, poche innovazioni hanno trasformato il nostro mondo quanto l'intelligenza artificiale (IA). Da semplice concetto teorico, l'IA è diventata una forza trainante capace di rivoluzionare industrie, creare nuove opportunità di guadagno e ridefinire il modo in cui lavoriamo e viviamo. Ma perché proprio l'intelligenza artificiale è considerata la chiave del futuro economico?

Una rivoluzione globale

L'IA non è più una tecnologia di nicchia, riservata a ricercatori o grandi multinazionali. Oggi è uno strumento accessibile, con applicazioni che spaziano dall'automazione industriale alla personalizzazione dell'esperienza cliente, dalla diagnosi medica all'ottimizzazione logistica.

Questa diffusione massiva sta alimentando una rivoluzione economica senza precedenti. Secondo McKinsey, l'IA potrebbe aggiungere fino a 13 trilioni di dollari all'economia globale entro il 2030.

Le aziende che adottano l'IA stanno scoprendo modi più efficienti per produrre beni, servire i clienti e prendere decisioni basate sui dati. Parallelamente, per individui e piccoli imprenditori, l'IA offre un'ampia gamma di strumenti per monetizzare competenze, migliorare la produttività e creare valore in modi che prima erano impensabili.

Opportunità per tutti

Ciò che rende l'IA davvero unica è la sua capacità di democratizzare le opportunità economiche. Un tempo, avviare un business richiedeva ingenti capitali e risorse; oggi, grazie all'IA, chiunque può creare un chatbot per il servizio clienti, sviluppare applicazioni di machine learning o sfruttare piattaforme online per vendere prodotti e servizi generati dall'IA. Le barriere all'ingresso si stanno abbassando, aprendo le porte a una nuova era di imprenditorialità diffusa.

Lavori del futuro

Con l'espansione dell'IA, stanno emergendo nuove professioni e modelli di business. Ruoli come quello del data scientist, dell'esperto di automazione e del designer di chatbot sono sempre più richiesti. Allo stesso tempo, l'IA sta trasformando lavori tradizionali, offrendo strumenti per potenziare le competenze umane anziché sostituirle. Chi saprà adattarsi a queste trasformazioni avrà un vantaggio competitivo significativo.

Un impatto economico tangibile

L'IA non è solo una promessa per il futuro; il suo impatto economico è già evidente. Aziende come Amazon, Google e Tesla stanno utilizzando l'IA per guidare innovazioni straordinarie, generando miliardi di dollari in valore. Ma non sono solo i giganti della tecnologia a beneficiarne: piccole e medie imprese, creatori indipendenti e professionisti freelance stanno scoprendo modi nuovi e innovativi per integrare l'IA nei loro processi e servizi.

Perché agire ora?

Il 2025 rappresenta un punto di svolta. La tecnologia IA sta raggiungendo una maturità che consente di implementarla con costi contenuti e benefici immediati. Un impatto economico tangibile.

L'IA non è solo una promessa per il futuro; il suo impatto economico è già evidente.

Aziende come Amazon, Google e Tesla stanno utilizzando l'IA per guidare innovazioni straordinarie, generando miliardi di dollari in valore. Ma non sono solo i giganti della tecnologia a beneficiarne: piccole e medie imprese, creatori indipendenti e professionisti freelance stanno scoprendo modi nuovi e innovativi per integrare l'IA nei loro processi e servizi.

Perché agire ora?

Il 2025 rappresenta un punto di svolta. La tecnologia IA sta raggiungendo una maturità che consente di implementarla con costi contenuti e benefici immediati. I Al contrario, chi saprà cogliere le potenzialità dell'IA si troverà in una posizione privilegiata per prosperare economicamente nei prossimi anni.

Obiettivi di questo libro

In questo libro esploreremo come guadagnare con l'intelligenza artificiale, sia che tu voglia avviare un business, incrementare la tua carriera o semplicemente trovare nuovi flussi di reddito. Attraverso esempi pratici, strategie collaudate e strumenti concreti, ti guideremo nel mondo dell'IA per aiutarti a trasformare una tecnologia complessa in un'opportunità semplice e accessibile. Che tu sia un principiante o un professionista, troverai ispirazione e consigli utili per capitalizzare sul potenziale dell'IA. L'intelligenza artificiale non è solo il futuro; è il presente. Ora è il momento di imparare, agire e guadagnare. Sei pronto a iniziare questo viaggio?

Capitolo I
Capire l'Intelligenza Artificiale

Che cos'è l'IA e come funziona?

L'intelligenza artificiale (IA) è una branca dell'informatica che si concentra sulla creazione di sistemi in grado di simulare processi cognitivi umani, come l'apprendimento, il ragionamento e la risoluzione dei problemi. Questo avviene attraverso algoritmi e modelli matematici progettati per analizzare grandi quantità di dati, identificare schemi e prendere decisioni.

L'IA si divide in due categorie principali:

IA ristretta (ANI): Progettata per eseguire compiti specifici, come il riconoscimento vocale, la traduzione automatica o l'analisi dei dati.
IA generale (AGI): Un obiettivo futuro, dove i sistemi saranno in grado di svolgere qualsiasi attività intellettuale umana.

Le tecnologie chiave che alimentano l'IA includono:
Machine Learning (ML): Algoritmi che apprendono dai dati senza essere esplicitamente programmati.
Deep Learning: Una sottocategoria del ML che utilizza reti neurali artificiali per analizzare dati complessi.
Elaborazione del linguaggio naturale (NLP): Permette ai computer di comprendere e generare linguaggio umano.
Visione artificiale: Consente ai sistemi di interpretare immagini e video.
Questi strumenti permettono di risolvere problemi complessi e creare applicazioni innovative che stanno trasformando il panorama economico.
Applicazioni pratiche dell'IA nei vari settori
L'IA è già presente in molteplici settori, con applicazioni che migliorano l'efficienza e creano nuove opportunità. Ecco alcuni esempi:

Sanità: Diagnosi più rapide e precise grazie all'analisi dei dati medici e all'elaborazione delle immagini. Applicazioni come IBM Watson stanno già aiutando i medici a personalizzare i trattamenti.

Finanza: Sistemi di trading automatizzato, rilevamento di frodi e assistenti virtuali per la gestione finanziaria personale.

Retail: Personalizzazione delle esperienze dei clienti attraverso sistemi di raccomandazione, gestione intelligente dell'inventario e chatbot per il servizio clienti.

Logistica e trasporti: Ottimizzazione delle rotte, gestione delle flotte e sviluppo di veicoli autonomi.

Produzione industriale: Manutenzione predittiva e automazione dei processi produttivi.

Intrattenimento: Creazione di contenuti personalizzati, suggerimenti di playlist e giochi intelligenti.

L'adozione di queste tecnologie è in crescita esponenziale, offrendo a professionisti e imprenditori un'infinità di modi per creare valore economico. Nel prossimo capitolo, esploreremo come queste applicazioni possano essere utilizzate per generare guadagni concreti.

Capitolo 2

Guadagnare con l'IA come imprenditore o freelance

Il mondo del lavoro sta attraversando una rivoluzione senza precedenti grazie all'intelligenza artificiale (IA). Come imprenditore o freelance, l'IA può diventare il tuo alleato più prezioso, aprendo nuove opportunità di guadagno e semplificando molte attività operative. In questo capitolo esploreremo i modi principali in cui puoi utilizzare l'IA per costruire o espandere la tua attività e come posizionarti in un mercato in rapida evoluzione.

1. Identificare le opportunità offerte dall'IA

Mercati emergenti da esplorare
L'IA sta rivoluzionando settori come il marketing, la salute, la logistica e la creatività digitale. Ecco alcuni esempi di nicchie da esplorare:
Creazione di contenuti: Utilizza strumenti di scrittura assistita dall'IA per generare articoli, e-book, post sui social media e contenuti per siti web.

Design e multimedia: Offri servizi di progettazione grafica, montaggio video o creazione di immagini tramite strumenti basati sull'IA come Canva o software di generazione automatica di immagini.

Automazione aziendale: Implementa soluzioni di automazione per PMI che desiderano ottimizzare la gestione dei clienti, i processi di vendita o la logistica.

Formazione e consulenza: Diventa un consulente per aziende o professionisti che vogliono integrare l'IA nei loro processi lavorativi.

Analizzare le tue competenze

Chiediti in quale settore hai già competenze o esperienza e cerca di capire come l'IA può aggiungere valore ai tuoi servizi. Ad esempio:

Sei un designer? Usa strumenti di IA per migliorare la tua produttività.

Sei un copywriter? Impara a sfruttare le piattaforme di generazione di testi per ampliare i tuoi progetti.

Sei uno sviluppatore? Offri soluzioni personalizzate di IA per aziende.

2. Strumenti di IA per imprenditori e freelance

Esistono innumerevoli strumenti di IA che possono aiutarti a migliorare la qualità del tuo lavoro e ad aumentare i tuoi guadagni. Ecco una lista di quelli più popolari e come puoi utilizzarli:

Strumenti per la produttività

ChatGPT: Per scrivere e revisionare contenuti, generare idee e risolvere problemi tecnici.

Notion AI: Per organizzare il lavoro, creare piani di progetto e prendere appunti automatizzati.

Strumenti per il design

DALL-E: Per creare immagini uniche per i tuoi clienti.

Runway ML: Per l'editing video con effetti basati sull'IA.

Strumenti per il marketing

Jasper AI: Per creare contenuti di marketing e copy persuasivo.

Hootsuite Insights: Per analizzare i dati dei social media e pianificare strategie di marketing.

Strumenti per la programmazione

GitHub Copilot: Per automatizzare la scrittura di codice e migliorare la produttività.

TensorFlow: Per sviluppare soluzioni IA personalizzate.

3. Creare un business model basato sull'IA

Quando decidi di integrare l'IA nella tua attività, è fondamentale avere un modello di business chiaro. Ecco alcuni esempi:

Offrire servizi basati sull'IA

Puoi utilizzare strumenti di intelligenza artificiale per fornire servizi diretti ai clienti. Ad esempio:

Creazione di siti web ottimizzati con chatbot integrati.

Produzione di contenuti per campagne pubblicitarie con testi e immagini generati dall'IA.

Supporto ai clienti tramite assistenti virtuali.

Vendita di prodotti digitali

L'IA può aiutarti a creare prodotti digitali che puoi vendere ripetutamente, come:

Template grafici generati da DALL-E o Canva.

E-book creati con strumenti di scrittura assistita.

Modelli di machine learning personalizzati per aziende.

Educazione e formazione

Crea corsi online o workshop per insegnare ad altri come utilizzare strumenti di IA specifici.

Piattaforme come Udemy e Teachable sono ideali per vendere corsi di questo tipo.

4. Marketing e acquisizione clienti

Una volta definito il tuo business, è importante attrarre clienti. Ecco alcune strategie specifiche:

Costruire un portfolio

Mostra esempi concreti di come l'IA ha migliorato il tuo lavoro. Ad esempio:

Una campagna pubblicitaria che ha aumentato il ROI utilizzando contenuti generati dall'IA.

Un progetto di design completato in metà del tempo grazie agli strumenti di automazione.

Posizionarti come esperto

Crea contenuti educativi sui social media per dimostrare la tua competenza nell'utilizzo dell'IA.

Puoi pubblicare:

Video tutorial.

Guide pratiche.

Case study dei tuoi successi.

Collaborare con altri professionisti

Espandi la tua rete collaborando con altri freelance o imprenditori. Lavorare insieme ad altri professionisti che utilizzano l'IA può aiutarti a raggiungere clienti più grandi o progetti più complessi.

5. Sfide e come superarle

Cambiamento rapido della tecnologia

Il campo dell'IA si evolve costantemente, quindi è

fondamentale rimanere aggiornati.

Dedica del tempo ogni settimana per imparare nuove competenze o sperimentare nuovi strumenti.

Concorrenza crescente

Man mano che l'IA diventa più accessibile, la concorrenza aumenta. Distinguersi è possibile offrendo un servizio personalizzato, curando la qualità e costruendo relazioni solide con i clienti.

Etica e trasparenza

Assicurati di utilizzare l'IA in modo etico. Spiega ai tuoi clienti come utilizzi l'IA e i benefici che apporta, mantenendo sempre la trasparenza.

In questo capitolo abbiamo esplorato come l'IA possa essere una risorsa straordinaria per imprenditori e freelance. Integrando gli strumenti giusti, identificando le nicchie di mercato e sviluppando un modello di business efficace, puoi posizionarti come un leader nel tuo settore e massimizzare i tuoi guadagni.

Capitolo 3:

Opportunità di guadagno nel settore dei dati

Viviamo in un'era in cui i dati rappresentano il nuovo petrolio. La loro raccolta, organizzazione e analisi sono diventate attività centrali per aziende di ogni settore. Ma come si possono monetizzare i dati? In questo capitolo esploreremo le opportunità offerte dal settore dei dati e come puoi guadagnare sfruttando questa risorsa preziosa.

1. La monetizzazione dei dati: come e perché è redditizia

Perché i dati sono così preziosi?

I dati aiutano le aziende a prendere decisioni migliori, migliorare i prodotti e ottimizzare i processi. La crescente dipendenza dall'intelligenza artificiale ha reso i dati di alta qualità una necessità. Alcuni dei motivi per cui la monetizzazione dei dati è redditizia includono:

Decisioni basate sui dati: Le aziende utilizzano i dati per prevedere i trend di mercato e migliorare la customer experience.

Personalizzazione: I dati permettono di offrire esperienze su misura ai clienti, aumentando le vendite.

Allenamento dei modelli IA: Le soluzioni di intelligenza artificiale richiedono enormi quantità di dati per funzionare correttamente.

Modi per monetizzare i dati

Esistono diverse modalità per trasformare i dati in guadagno:

Vendita di dataset: Fornire dati anonimi e aggregati a organizzazioni che ne hanno bisogno.

Servizi di analisi: Offrire competenze per interpretare i dati e tradurli in azioni pratiche.

Licenze e sottoscrizioni: Creare piattaforme che raccolgono e distribuiscono dati in cambio di un abbonamento.

Marketplace di dati: Utilizzare piattaforme come AWS Data Exchange o Snowflake per vendere i tuoi dataset.

2. Progetti di data labeling e annotazione per allenare modelli IA

Cos'è il data labeling?

Il data labeling è il processo di etichettatura di dati grezzi (testo, immagini, video, audio) per renderli comprensibili ai modelli di IA. Ad esempio:
Annotare immagini per identificare oggetti specifici (es. automobili, pedoni).
Etichettare testo con categorie come sentimenti (positivo, negativo, neutro).
Trascrivere e classificare file audio.

Perché il data labeling è una grande opportunità?
L'IA dipende da dati etichettati accuratamente per apprendere.

Molte aziende non hanno le risorse o il tempo per etichettare grandi quantità di dati e si rivolgono a freelance o piattaforme di crowdsourcing per farlo.

Come entrare nel settore del data labeling

Iscriviti a piattaforme specializzate: Siti come Appen, Lionbridge e Scale AI offrono progetti di data labeling accessibili a freelance.

Sviluppa competenze: Impara ad utilizzare strumenti di annotazione come Labelbox, Supervisely o VIA (VGG Image Annotator).

Crea un portfolio: Mostra esempi di lavori completati per attirare clienti diretti.

Collabora con aziende emergenti: Startup e PMI sono spesso alla ricerca di data labeler esperti.

Guadagni potenziali

Il guadagno dipende dalla complessità del progetto e dalla tua velocità.

In media:

Progetti semplici di etichettatura testuale: $10-$20/ora.

Annotazione di immagini e video: $20-$50/ora.

Progetti complessi o con volumi elevati: compensi fissi che possono superare i $1.000 per progetto.

3. Etica e protezione dei dati
Rispettare la privacy

Nel lavorare con i dati, è essenziale rispettare le normative sulla privacy (come il GDPR in Europa o il CCPA in California). Per garantire conformità:

Utilizza solo dati raccolti con il consenso degli utenti.

Anonimizza i dataset quando possibile.

Evita di condividere dati sensibili senza autorizzazione.

Trasparenza e fiducia

Se offri servizi di data labeling o monetizzazione di

dati, sii sempre chiaro con i clienti su:
- La provenienza dei dati.
- Il metodo di elaborazione.
- I benefici che porteranno ai loro progetti.

Questo capitolo ha introdotto le enormi possibilità offerte dal settore dei dati, in particolare la monetizzazione e il data labeling. Sfruttando queste opportunità, puoi costruire una carriera o espandere la tua attività, contribuendo allo sviluppo di tecnologie avanzate basate sull'intelligenza artificiale.

Capitolo 4

Guadagnare attraverso l'automazione dei processi aziendali

Introduzione all'automazione aziendale

L'automazione aziendale è uno degli ambiti più promettenti in cui l'intelligenza artificiale può generare un impatto significativo, aumentando l'efficienza operativa e riducendo i costi. Le imprese cercano costantemente modi per ottimizzare i propri processi e migliorare l'esperienza del cliente, aprendo così grandi opportunità per chi è in grado di offrire soluzioni IA personalizzate.

Sviluppare soluzioni IA per migliorare l'efficienza
Uno dei principali vantaggi dell'IA è la sua capacità di analizzare grandi quantità di dati in tempo reale, individuando inefficienze e opportunità per migliorare i processi aziendali.
Creare soluzioni su misura per le aziende può rappresentare una fonte di reddito altamente redditizia.

Esempi pratici di soluzioni IA:

Ottimizzazione della supply chain:

Utilizzare algoritmi di previsione per monitorare l'inventario e prevedere la domanda.

Ridurre gli sprechi gestendo le risorse in modo più accurato.

Automazione dei report aziendali:

Creare dashboard dinamiche che offrono analisi in tempo reale.

Eliminare la necessità di interventi manuali per generare report.

Miglioramento dei processi produttivi:

Implementare sistemi di manutenzione predittiva per macchinari e impianti.

Utilizzare sensori e IA per ridurre i tempi di inattività.

Automatizzare compiti ripetitivi per i clienti

Molte aziende perdono tempo e risorse in attività che possono essere facilmente automatizzate.

Offrire soluzioni basate su intelligenza artificiale che semplificano questi compiti rappresenta una grande opportunità di guadagno.

Strumenti e tecnologie per l'automazione:

Chatbot per il servizio clienti:

Configurare chatbot intelligenti che rispondano automaticamente alle domande più comuni dei clienti.

Integrare funzionalità di apprendimento automatico per migliorare le risposte nel tempo.

CRM intelligenti (Customer Relationship Management):

Creare sistemi che analizzino i comportamenti dei clienti e offrano suggerimenti personalizzati.

Automatizzare l'invio di promozioni e notifiche personalizzate.

Gestione dei documenti:

Sviluppare strumenti per elaborare documenti in

modo automatico, ad esempio contratti o fatture.

Ridurre i margini di errore grazie alla precisione dell'IA.

Come avviare un progetto di automazione:

Analisi dei bisogni aziendali: Collabora con le imprese per individuare i processi che possono essere automatizzati.

Progettazione della soluzione: Crea strumenti che siano intuitivi e facilmente integrabili con i sistemi esistenti.

Monitoraggio e aggiornamento: Offri un servizio di manutenzione continua per migliorare l'efficienza e affrontare nuovi bisogni.

Come monetizzare l'automazione aziendale:

Vendita diretta delle soluzioni: Crea strumenti IA personalizzati e vendili come prodotti o servizi una tantum.

Modello SaaS (Software as a Service): Offri l'accesso alle tue soluzioni IA attraverso abbonamenti mensili o annuali.

Consulenza e formazione: Insegna ai team aziendali come integrare e utilizzare al meglio le soluzioni basate su IA.

Case study: Automatizzare per crescere

Un esempio di successo è l'implementazione di un chatbot avanzato per un e-commerce, che ha consentito all'azienda di:

Risparmiare il 30% sui costi del personale addetto al supporto clienti.

Incrementare le vendite del 15%, grazie alla possibilità di rispondere alle domande dei clienti 24 ore su 24.

Conclusione: l'automazione dei processi aziendali non solo migliora l'efficienza, ma crea nuove opportunità di guadagno per chi fornisce soluzioni innovative. Con l'IA, puoi diventare un partner strategico per aziende in cerca di modernizzazione e crescita.

Capitolo 5

Creazione e monetizzazione di contenuti generati dall'IA

La creazione di contenuti con strumenti di intelligenza artificiale sta rivoluzionando i settori dell'arte, della scrittura e della musica. Grazie a software sempre più sofisticati, chiunque può produrre contenuti di alta qualità e monetizzarli in modi innovativi, sia attraverso piattaforme tradizionali che tramite nuove tecnologie come gli NFT.

Come utilizzare strumenti IA per generare arte, testi o musica e venderli

1. Creazione di contenuti visivi

Gli strumenti basati sull'IA, come DALL·E, MidJourney o Stable Diffusion, consentono di creare illustrazioni, loghi, design per prodotti e opere d'arte digitali in pochi minuti.

Esempi di utilizzo:

Design personalizzati: Per loghi aziendali, copertine di libri o merchandising.

Illustrazioni: Per libri per bambini, fumetti o opere decorative.

Arte digitale: Da vendere come stampe o file scaricabili.

2. Generazione di testi

Modelli di linguaggio come GPT (tra cui questo!) possono essere utilizzati per scrivere articoli, descrizioni di prodotti, e-book o persino sceneggiature.

Idee per monetizzare i testi generati dall'IA:

Scrivere contenuti per blog aziendali o siti web.

Creare e vendere e-book su argomenti di tendenza.

Fornire servizi di copywriting automatizzato per marketing o SEO.

3. Produzione musicale

Strumenti come AIVA, Amper Music e Soundraw permettono di comporre brani musicali originali per progetti multimediali, videogiochi o pubblicità.

Modi per guadagnare con la musica generata dall'IA:

Vendere licenze per musica di sottofondo su piattaforme di stock audio.

Creare colonne sonore personalizzate per video o podcast.

Produrre tracce royalty-free per creatori di contenuti su YouTube o Twitch.

Piattaforme per la vendita di contenuti generati dall'IA

Esistono numerose piattaforme in cui è possibile caricare e vendere i propri contenuti generati dall'IA. Ecco alcune delle opzioni più popolari per diversi tipi di contenuti:

1. Stock media

Le piattaforme di stock media sono ideali per la vendita di immagini, video, audio o testi generati dall'IA.

Per immagini: Shutterstock, Adobe Stock, iStock.

Per musica: AudioJungle, Pond5, Epidemic Sound.

Per video: Videohive, Storyblocks.

2. Marketplace di arte digitale

Questi marketplace sono perfetti per vendere opere d'arte digitali:

Etsy: per vendere stampe o file scaricabili.

Redbubble e Society6: per trasformare l'arte in prodotti come magliette, tazze e poster.

3. NFT e blockchain

Gli NFT (Non-Fungible Token) offrono un modo innovativo per vendere contenuti digitali unici o collezionabili:

Piattaforme NFT popolari: OpenSea, Rarible, Foundation.

Come iniziare:

Creare un'opera d'arte o un contenuto digitale generato dall'IA.

Mintare il contenuto come NFT utilizzando piattaforme blockchain come Ethereum o Polygon.

Promuovere il tuo lavoro sui social media o nelle community dedicate.

4. Piattaforme di scrittura e pubblicazione

Se produci testi con l'IA, puoi monetizzarli attraverso piattaforme come:

Amazon Kindle Direct Publishing (KDP): per pubblicare e vendere e-book.

Medium Partner Program: per guadagnare con articoli in base alle letture.

Fiverr e Upwork: per offrire servizi di scrittura basati sull'IA.

Strategie per massimizzare i guadagni

1. Diversifica i contenuti:

Offri una gamma di prodotti per ampliare il pubblico. Ad esempio, una stessa opera d'arte può essere venduta come stampa fisica su Etsy, come NFT su OpenSea e come licenza su Shutterstock.

2. Personalizza per i clienti:

Offri opzioni di personalizzazione ai tuoi acquirenti,

ad esempio aggiungendo nomi, messaggi o adattamenti specifici per il loro progetto.

3. Promuovi sui social media:

Piattaforme come Instagram, TikTok e Pinterest sono ideali per mostrare i tuoi contenuti generati dall'IA. Usa video dimostrativi o processi creativi per attrarre interesse.

4. Rimani aggiornato con le tendenze:

Osserva cosa è popolare nel tuo settore e crea contenuti in linea con le richieste del mercato, che si tratti di stili artistici, argomenti di libri o generi musicali.

Case study: Monetizzazione dell'arte digitale con NFT

Un artista digitale ha utilizzato uno strumento IA per creare una serie di opere astratte basate su temi di tendenza come la sostenibilità e il cambiamento climatico. Mintando queste opere come NFT, ha generato oltre $10.000 in un mese, promuovendole attraverso Twitter e community Discord legate al mondo dell'arte digitale.

Conclusione:

La creazione e monetizzazione di contenuti generati dall'IA rappresenta un'opportunità unica nel panorama digitale odierno. Con gli strumenti giusti e una strategia mirata, puoi trasformare idee creative in una fonte di reddito, raggiungendo mercati globali e innovativi.

Capitolo 6

Investire nell'IA

Start-up e aziende nel settore dell'IA

Investire nelle start-up e nelle aziende consolidate che operano nel settore dell'intelligenza artificiale (IA) può essere una strategia redditizia, ma richiede un'attenta analisi. Negli ultimi anni, molte nuove imprese sono emerse con soluzioni innovative basate sull'IA, dal riconoscimento vocale alle piattaforme di apprendimento automatico per settori specifici.

Come individuare le opportunità

Ricerca settoriale: Identificare i settori in cui l'IA sta rivoluzionando i modelli di business, come sanità, finanza, logistica e intrattenimento.

Valutazione delle tecnologie: Comprendere il valore delle tecnologie sviluppate dalla start-up o dall'azienda. Le innovazioni brevettate o i vantaggi tecnologici significativi sono segnali positivi.

Team fondatore: Esaminare l'esperienza e la credibilità dei fondatori.

Le start-up guidate da esperti del settore o da ex membri di aziende tecnologiche di rilievo (come Google o Amazon) spesso hanno maggiori probabilità di successo.

Finanziamenti e partnership: Le collaborazioni con grandi aziende o l'ottenimento di finanziamenti da investitori di prestigio possono indicare una forte fiducia nel potenziale della start-up.

Modalità di investimento

Equity crowdfunding: Diverse piattaforme online consentono di investire in start-up innovative con budget contenuti, acquisendo quote societarie.

Fondi tecnologici: Investire in fondi comuni o ETF focalizzati sull'IA può essere un modo più sicuro per diversificare il rischio.

Investimenti diretti: Per chi dispone di capitali significativi, è possibile investire direttamente come business angel o partecipare a round di finanziamento.

Acquisto e vendita di modelli pre-addestrati

Con l'espansione del mercato dell'IA, i modelli pre-addestrati sono diventati una risorsa preziosa per le aziende che desiderano integrare soluzioni di intelligenza artificiale senza partire da zero.

Cos'è un modello pre-addestrato?

Un modello pre-addestrato è un algoritmo di IA già addestrato su un ampio dataset, che può essere utilizzato o adattato per specifiche applicazioni. Ad esempio:

Modelli di linguaggio come GPT-4 per generare testi.

Reti neurali addestrate per il riconoscimento di immagini o video.

Algoritmi per analisi predittive in ambito finanziario o medico.

Opportunità di business

Acquisto di modelli:

Marketplace di IA: Esistono piattaforme

online, come Hugging Face o TensorFlow Hub, che vendono modelli pre-addestrati.

Acquistarli per sviluppare soluzioni personalizzate può generare profitti.

Licenze: È possibile acquistare licenze per utilizzare modelli proprietari di aziende leader, beneficiando di tecnologie avanzate senza svilupparle in-house.

Vendita di modelli:

Creazione e vendita: Se possiedi competenze tecniche, puoi sviluppare modelli personalizzati per settori di nicchia e venderli su marketplace.

Servizi di ottimizzazione: Molte aziende necessitano di adattare modelli pre-addestrati per le loro esigenze. Offrire servizi di ottimizzazione può essere altamente remunerativo.

Strategie per il successo

Specializzazione: Concentrarsi su settori con esigenze specifiche e meno saturi, come l'agricoltura d i precisione o la gestione ambientale.

Qualità e performance: Modelli efficienti, con tempi di risposta rapidi e bassi consumi di risorse, saranno sempre richiesti.

Supporto e aggiornamenti: Offrire servizi di supporto e aggiornamento regolari può fidelizzare i clienti e aumentare i guadagni.

L'IA offre enormi opportunità di investimento, ma è essenziale rimanere aggiornati sulle innovazioni e valutare attentamente i rischi. Con il giusto approccio, è possibile trasformare l'interesse per l'intelligenza artificiale in una fonte stabile di reddito e crescita finanziaria.

Capitolo 7

L'etica e i rischi del guadagno con l'IA

Considerazioni etiche sull'uso e lo sviluppo dell'IA

L'intelligenza artificiale sta rivoluzionando il mondo degli affari, ma il suo sviluppo e utilizzo sollevano importanti questioni etiche. Guadagnare con l'IA è possibile, ma è essenziale farlo in modo responsabile, tenendo conto delle implicazioni per la società, l'ambiente e i diritti individuali.

Principi etici fondamentali

Trasparenza: Gli sviluppatori e le aziende devono comunicare chiaramente come funziona la tecnologia, quali dati vengono raccolti e come vengono utilizzati.

Equità: Evitare che i modelli di IA perpetuino discriminazioni o bias esistenti, garantendo che i sistemi siano progettati per essere inclusivi e imparziali.

Privacy: La protezione dei dati personali deve essere una priorità assoluta. Raccogliere e gestire informazioni sensibili richiede misure di sicurezza avanzate e il rispetto delle normative, come il GDPR in Europa.

Responsabilità: Chi sviluppa o utilizza l'IA deve assumersi la responsabilità dei suoi effetti, compresi quelli imprevisti o dannosi.

Dilemmi etici comuni

Automazione e perdita di posti di lavoro: Sebbene l'IA migliori l'efficienza, può anche sostituire lavoratori umani, causando disoccupazione in alcuni settori. È essenziale trovare un equilibrio, ad esempio investendo in programmi di riqualificazione per le persone colpite.

Manipolazione dell'informazione: Gli algoritmi di IA possono essere utilizzati per creare contenuti falsi (deepfake) o per manipolare opinioni pubbliche. Evitare questi usi dannosi è una responsabilità cruciale per chi opera nel settore.

Sostenibilità: L'addestramento di modelli di IA può

richiedere grandi quantità di energia.

Le aziende devono adottare soluzioni più ecologiche per minimizzare l'impatto ambientale.

Guadagnare in modo etico

Chi desidera generare profitti con l'IA dovrebbe adottare un approccio che contribuisca al bene comune, ad esempio sviluppando tecnologie che promuovano l'accessibilità, migliorino la qualità della vita o affrontino problemi globali come il cambiamento climatico o la sicurezza alimentare.

Evitare truffe e false promesse legate al settore

L'entusiasmo per l'IA ha portato alla proliferazione di truffe e offerte ingannevoli, spesso rivolte a persone senza competenze tecniche. Proteggersi da queste minacce è fondamentale per chi investe o lavora in questo campo.

Come riconoscere una truffa

Promesse irrealistiche: Diffidare di chi promette guadagni facili e immediati o risultati straordinari senza fornire dettagli concreti.

Mancanza di trasparenza: Se un'azienda o una piattaforma non fornisce informazioni chiare sul funzionamento della tecnologia o sui suoi sviluppatori, è probabile che sia inaffidabile.

Costi nascosti: Le truffe spesso nascondono spese elevate dietro offerte inizialmente gratuite o a basso costo. Leggere attentamente i termini prima di impegnarsi finanziariamente.

Testimonianze false: Video o recensioni che sembrano troppo perfette o che utilizzano deepfake possono essere segni di un inganno.

Tipi di truffe comuni

Schemi piramidali legati all'IA: Promettono guadagni basati sul reclutamento di nuovi membri piuttosto che sull'effettiva utilità della tecnologia.

Corsi e consulenze fraudolente: Offrono formazione o strategie per "diventare ricchi con l'IA", ma spesso non forniscono alcun valore reale.

Prodotti tecnologici inesistenti: Alcune aziende raccolgono fondi per tecnologie che non hanno mai sviluppato.

Strategie per proteggersi

Verificare le credenziali: Controllare la reputazione degli sviluppatori o delle aziende su piattaforme affidabili e cercare recensioni indipendenti.

Informarsi: Studiare le basi dell'IA per distinguere le opportunità reali dalle promesse ingannevoli.

Scegliere piattaforme affidabili: Utilizzare solo marketplace, corsi o investimenti certificati e riconosciuti da esperti del settore.

Segnalare truffe: Se si sospetta di essere stati vittime di una frode, è importante segnalarlo alle autorità competenti per prevenire ulteriori danni.

Conclusione

Guadagnare con l'IA è un'opportunità entusiasmante, ma deve essere affrontato con cautela e integrità.

Adottando un approccio etico e informato, è possibile evitare rischi inutili e contribuire allo sviluppo di un ecosistema tecnologico più equo e sostenibile.

Prepararsi al futuro con l'IA

In un mondo in cui l'intelligenza artificiale sta rapidamente trasformando i mercati, rimanere competitivi significa adattarsi, apprendere continuamente e sfruttare le opportunità che questa tecnologia offre. Prepararsi al futuro con l'IA richiede un mix di competenze tecniche, strategiche e la capacità di anticipare le tendenze.

1. Sviluppare competenze essenziali

Per rimanere rilevanti in un mercato dominato dall'IA, è fondamentale acquisire conoscenze e abilità utili sia a livello tecnico sia strategico.

Competenze tecniche

Nozioni di base sull'IA: Comprendere concetti chiave come machine learning, reti neurali, elaborazione del linguaggio naturale (NLP) e computer vision.

Analisi dei dati: L'IA si basa sui dati. Saper raccogliere, analizzare e interpretare dati è una competenza cruciale.

Strumenti e piattaforme: Familiarizzare con strumenti come Python, TensorFlow, scikit-learn, e con piattaforme come Hugging Face o AWS AI Services.

Automazione: Imparare a utilizzare software di automazione basati su IA per ottimizzare i flussi di lavoro aziendali.

Competenze trasversali

Adattabilità: In un mercato in continua evoluzione, essere flessibili e pronti ad apprendere nuove tecnologie è essenziale.

Pensiero critico: Valutare criticamente l'impatto delle soluzioni IA e le loro applicazioni per evitare implementazioni improduttive o rischiose.

Collaborazione uomo-macchina: Sviluppare la capacità di lavorare efficacemente con strumenti basati sull'IA, sfruttandoli come amplificatori delle proprie capacità.

2. Abbracciare l'apprendimento continuo

Il rapido avanzamento dell'IA rende l'apprendimento continuo una necessità.

Corsi online: Iscriviti a corsi di piattaforme come Coursera, edX, o Udemy per apprendere le basi dell'IA e approfondire settori specifici.

Certificazioni: Ottenere certificazioni in AI, data science o machine learning da istituzioni riconosciute può migliorare la tua competitività sul mercato del lavoro.

Comunità di apprendimento: Partecipa a forum, hackathon o community di sviluppatori per scambiare idee e imparare dalle esperienze di altri.

Aggiornamenti costanti: Segui le ultime tendenze, ricerche e innovazioni nel campo dell'IA leggendo blog, articoli scientifici e notizie di settore.

3. Integrare l'IA nella tua professione

Indipendentemente dal settore in cui operi, l'IA può essere uno strumento per migliorare la produttività e innovare.

Settore tecnologico

Sviluppa applicazioni basate sull'IA che risolvano problemi specifici nel tuo campo.

Specializzati in settori emergenti come l'IA generativa o l'edge computing.

Settore non tecnologico

Identifica processi ripetitivi nel tuo lavoro che possono essere automatizzati.

Utilizza strumenti di IA per analisi dei dati, previsioni di mercato o personalizzazione del marketing.

Imprenditoria

Esplora come l'IA può migliorare il tuo modello di business. Ad esempio, implementando chatbot intelligenti per il servizio clienti o analisi predittive per la gestione dell'inventario.

Offri consulenza o servizi basati sull'IA, posizionandoti come leader di settore.

4. Anticipare le tendenze del mercato

Chi riesce a prevedere e adattarsi ai cambiamenti sarà in vantaggio.

Trend attuali da monitorare

IA generativa: Strumenti come ChatGPT e MidJourney stanno trasformando la creazione di contenuti e prodotti.

Automazione intelligente: Le imprese stanno adottando soluzioni che combinano IA e robotica per ottimizzare le operazioni.

AI per la sostenibilità: Tecnologie focalizzate su energia rinnovabile, gestione dei rifiuti e agricoltura sostenibile stanno guadagnando terreno.

Previsioni future

IA personalizzata: Sistemi sempre più capaci di adattarsi alle esigenze individuali degli utenti.

Fusioni tra tecnologie: L'IA combinata con blockchain, Internet of Things (IoT) o realtà aumentata creerà nuove opportunità di mercato.

Regolamentazioni: La crescita dell'IA porterà a normative più stringenti. Conoscere e rispettare queste regole sarà un vantaggio competitivo.

5. Costruire una mentalità innovativa

Sperimentare: Testa nuove idee, anche rischiose, per scoprire applicazioni innovative dell'IA.

Collaborare: Lavora con esperti di IA, aziende tecnologiche o università per sviluppare progetti all'avanguardia.

Diversificare: Espandi le tue competenze o il tuo business in più ambiti legati all'IA per ridurre i rischi e cogliere nuove opportunità.

Conclusione

Prepararsi al futuro con l'IA significa non solo accettare il cambiamento, ma abbracciarlo attivamente. Acquisendo competenze, rimanendo aggiornati sulle tendenze e integrando strategicamente l'IA nelle proprie attività, chiunque può prosperare in un mercato dominato dalla tecnologia. L'intelligenza artificiale non è solo una sfida, ma un trampolino per opportunità illimitate.

Indice

Descrizione del libro....pag.5

Introduzione......pag. 8

Capitolo 1.
Capire l'Intelligenza Artificiale...pag.15

Che cos'è l'IA e come funziona?.....pag.17

Capitolo 2.
Guadagnare con l'IA come imprenditore o freelance......pag.24

Capitolo 3
Opportunità di guadagno nel settore dei dati......pag.31

Capitolo 4
Guadagnare attraverso l'automazione dei processi aziendali.......pag.39

Capitolo 5
Creazione e monetizzazione di contenuti generati dall'IA......pag.47

Capitolo 6

Investire nell'IA……..pag.57

Capitolo 7

L'etica e i rischi del guadagno con l'IA…….pag.65

Prepararsi al futuro con l'IA……..pag.73

Previsioni future……..pag.78

www.ingramcontent.com/pod-product-compliance
Lightning Source LLC
Chambersburg PA
CBHW082253220526
45469CB00009B/2989